디즈니 프린세스

PAPER DOLL

JN430156

페이퍼돌
1

일과놀이콘텐츠랩 지음

Snow White 〜 Cinderella 〜 Beauty and the Beast
The Little Mermaid 〜 Sleeping Beauty 〜 Tangled 〜 Aladdin

CONTENS
차 례

인어공주

THE LITTLE
MERMAID

35~44

라푼젤

Tangled

55~64

잠자는 숲속의 공주

Sleeping
Beauty

45~54

알라딘

Aladdin

65~74

내 마음속 성에 사는 영원한 디즈니 프린세스가
섬세한 페이퍼 아트로 찾아왔어요.

백설공주, 신데렐라, 벨, 에리얼, 라푼젤, 자스민, 오로라를
스탠딩 페이퍼돌, 컬러링, 종이인형, 팝업카드로 만나보아요.

디즈니 여성 캐릭터들의 용기, 희망, 우정, 도전, 사랑 그리고 성공을 주제로 한
《페이퍼돌 1 : 디즈니 프린세스》는 아래처럼 다양하게 플레이할 수 있어요.
완성 후, 책상이나 선반 위에 올려놓으면 반복되는 일상 속 멋진 휴식이 될 거예요.

스탠딩 페이퍼돌
STANDING PAPER DOLL

칼로 표시선 따라 오리고 받침대를 접어 풀로 고정하면 끝! 마음에 드는 무대배경을 골라 그 안에 세우면 나만의 페이퍼 피규어가 만들어져요.

컬러링
COLORING

풍성한 색감으로 완성된 배경 안에만 채우면 퀄리티 높은 한 장의 그림 완성!

종이인형
DRESS & PLAY

기본 캐릭터를 특별하게 꾸며줄 다양한 옷을 입혀보아요.

팝업카드
POP-UP CARD

표시선을 따라 오리면 인형이 입체적으로 튀어나오는 카드가 되어요. 소중한 친구들에게 마음을 전해보아요.

무대배경
BACKGROUND

앞뒤의 무대가 다르기 때문에 선택해서 사용할 수 있어요. 다양한 장소를 무대로 만들어보아요.

백설공주

Disney
Snow White
and the Seven Dwarfs

아주 먼 옛날, 눈처럼 하얗고 예쁜 공주님이 태어났어요. 왕과 왕비는 기뻐하며 백설이라고 불렀고, 백설공주는 모든 이들에게 사랑을 받았어요. 하지만 행복한 날도 잠시 왕비의 갑작스러운 죽음에 왕국은 큰 슬픔에 빠졌어요. 얼마 후 왕은 새 왕비를 맞이했고, 새 왕비는 무척 아름다웠지만 사실은 무서운 마녀였어요. 세상에서 백설공주가 제일 예쁘다는 요술거울의 말에 분노한 왕비는 사냥꾼에게 백설공주를 죽이라고 명령했어요. 왕비의 추격을 피해 숲으로 도망간 백설공주는 일곱 난장이들을 만났어요. 이를 알게 된 왕비는 노파로 변신해 숲속 오두막으로 찾아갔어요. 백설공주는 왕비가 건넨 독이 든 사과를 먹고 쓰러졌어요. 난장이들은 눈물을 흘리며 슬퍼했어요. 그때 지나가던 왕자님이 백설공주를 보고 한눈에 반해 입맞춤을 하자 순간 백설공주의 목에 걸린 사과조각이 밖으로 튀어나왔어요. 기쁨에 찬 일곱 난장이들은 노래를 부르며 춤을 췄어요. 백설공주는 왕자와 함께 왕궁으로 가 오래도록 행복하게 살았답니다.

Snow White
백설공주

풀칠하는 면

풀칠하는 면

풀칠하는 면

Seven Dwarfs
일곱 난쟁이

Prince
왕자

Evil Queen
여왕

풀칠하는 면

풀칠하는 면

풀칠하는 면

With a smile and a song, life is just like a bright, sunny day.
Your cares fade away, and your heart is young.
With a smile and a song, all the world seems to waken a new.

◦

미소와 노래가 있으면, 인생은 밝고 화창한 날이야.
걱정은 멀리 사라지고, 네 마음도 어린 날로 돌아가지.
미소와 노래가 있으면, 온 세상이 새롭게 깨어나는 것 같아.

9

When raindrops come tumbling,
remember you're the one who can fill the world with sunshine.
I'm sure I'll get along somehow. Everything's going to be all right.

○

빗방울이 뚝뚝 떨어질 때면,
네가 바로 이 세상을 햇빛으로 채울 수 있는 사람이라는 것을 기억해.
어떻게든 잘 될 거야. 모두 잘 될 거야.

BACKGROUND

페이퍼돌을 세울 수 있는 무대 배경입니다.
두 가지 배경 중 원하는 배경을 선택해 만들어보세요.

풀칠하는 면   풀칠하는 면

풀칠하는 면

풀칠하는 면

MINI POP-UP CARD

Disney
Snow White and the Seven Dwarfs

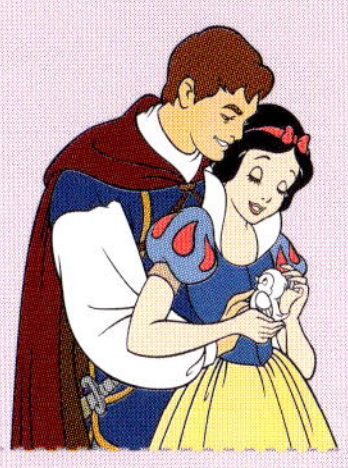

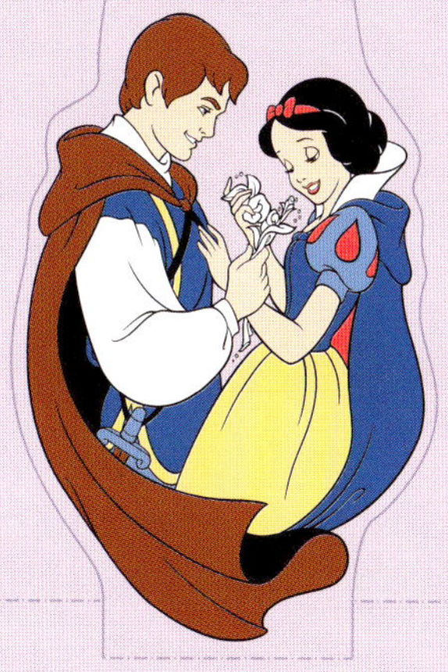

Disney
Snow White and the Seven Dwarfs

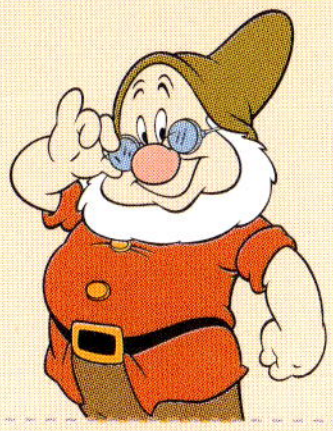

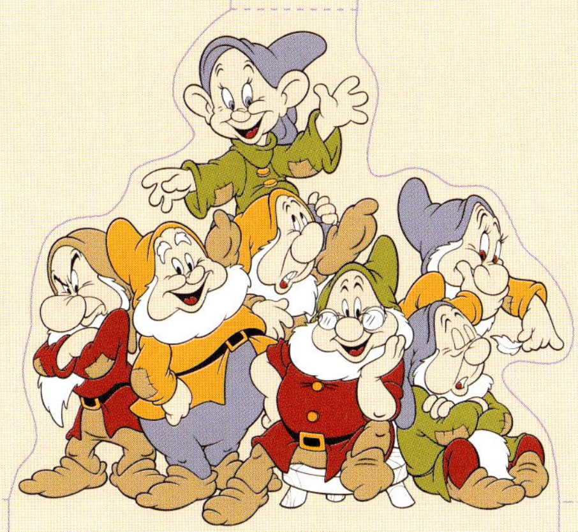

풀칠하는 면

풀칠하는 면

풀칠하는 면

풀칠하는 면

신데렐라

Disney
Cinderella

옛날에 신데렐라라는 마음씨 착한 소녀가 살았어요. 일찍 아내를 잃은 신데렐라의 아버지는 새 아내를 맞이했지만 이내 아버지도 세상을 떠나고, 신데렐라는 새엄마와 두 언니와 살게 되었어요. 새엄마와 언니들은 아름다운 신데렐라를 시기하여 온종일 못살게 굴었어요. 어느 날 궁전에서 왕자님의 신부를 찾는 무도회 초대장이 왔어요. 신데렐라도 무도회에 가고 싶었지만 새엄마와 언니들은 드레스를 망가뜨려 방해했어요. 집에 혼자 남아 울고 있는 신데렐라 앞에 요정님이 나타났어요. 요정님은 신데렐라에게 예쁜 드레스와 아름다운 유리 구두를 선물했어요. 무도회에 간 신데렐라를 만난 왕자님은 첫눈에 반했어요. 하지만 12시가 되면 마법이 사라지기에 신데렐라는 서둘러 무도회장을 떠나다가 유리구두 한 짝만 남기게 되었어요. 왕자님은 애타게 구두 주인을 찾았어요. 신데렐라의 집에도 신하들이 찾아왔어요. 구두가 신데렐라의 발에 꼭 맞는 걸 본 신하들은 왕자님을 모셔왔어요. 신데렐라와 왕자님은 성대한 결혼식을 올리고 평생 행복하게 살았답니다.

Disney
Cinderella

Cinderella
신데렐라

풀칠하는 면

풀칠하는 면

풀칠하는 면

Fairy
요정

Prince
왕자

Step Sisters
언니들

Disney
Cinderella

Disney
Cinderella

Disney
Cinderella

풀칠하는 면

풀칠하는 면

풀칠하는 면

17

A dream is a wish your heart makes.
When you're fast asleep, in dreams you will lose your heartaches.
Whatever you wish for, you keep.

꿈은 마음먹으면 이루어지는 소망과도 같은 거야.
네가 곤히 잠들어 있을 때, 꿈속에서는 걱정들이 사라지지.
네가 원하는 게 무엇이든 간에, 너를 계속 믿어.

18

Even miracles take a little time.
Don't run away when you have a chance.
It's only given to those who deserve it.

○

기적도 일어나려면 시간이 좀 걸린단다.
기회가 왔을 때 도망가지 마.
행운은 스스로 누릴 자격이 있는 이에게만 주어지니까.

페이퍼돌을 세울 수 있는 무대 배경입니다.
두 가지 배경 중 원하는 배경을 선택해 만들어보세요.

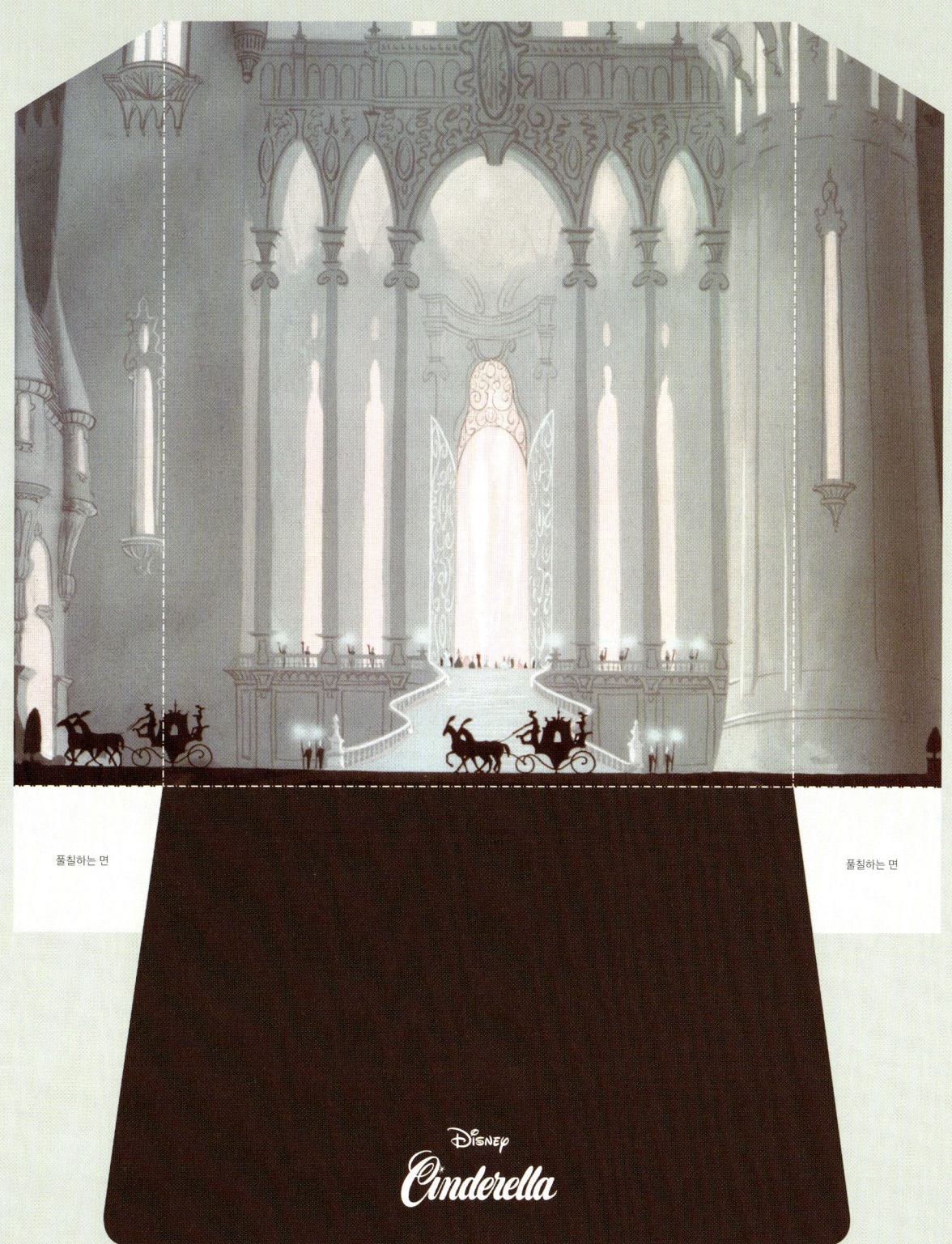

풀칠하는 면

풀칠하는 면

풀칠하는 면

풀칠하는 면

Cinderella
shimmered like starlight
as she danced
with the Prince.

Princess Goals

DISNEP
Cinderella

DISNEP
Cinderella

미녀와 야수

Disney Beauty AND THE BEAST

먼 옛날 작은 마을에 책을 좋아하고 모험심 많은 벨이 살았어요. 어느 날 벨은 행방불명이 된 아버지를 찾으러 폐허가 된 성에 갔다가 그곳에 사는 무서운 야수를 만났어요. 그는 원래 이 성의 왕자님이었지만 오래 전 이기적인 마음 때문에 벌을 받아 야수로 변했어요. 게다가 마법의 장미가 질 때까지 진정한 사랑을 만나지 못하면 평생 야수로 살아야 했어요. 벨은 아버지 대신 성에 갇히게 되었어요. 야수는 벨을 겁주어 말을 듣게 하려고 했지만 곧 다부진 벨에게 반했어요. 벨도 처음에는 탈출하려고 했지만 함께 여러 사건을 겪으면서 야수의 좋은 점을 발견했어요. 야수는 벨이 마을로 돌아가도록 허락했어요. 그때 벨을 좋아하던 개스톤이 마을 사람들을 이끌고 성을 습격해 야수를 칼로 찌르고 말았어요. 성으로 돌아온 벨은 쓰러진 야수를 발견하고 울며 사랑한다고 말했어요. 순간 야수가 멋진 왕자님으로 변했어요. 진정한 사랑을 받아 마법이 풀린 거예요. 그 후 두 사람은 영원히 행복하게 살았답니다.

Disney
Beauty
AND THE
BEAST

Belle
벨

풀칠하는 면

풀칠하는 면

풀칠하는 면

Beast
야수

풀칠하는 면

풀칠하는 면

27

There's something sweet and almost kind.
But he was mean and he was coarse and unrefined.
And now he's dear and so unsure.I wonder why I didn't see it there before.

○

뭔가 다정하고 좀 친절한 것 같기도 해.
하지만 그는 심술궂고, 험상궂고, 교양도 없었는데.
그런데 지금은 상냥하고 조심스럽게 대하는걸.
왜 전에는 이런 그의 모습을 보지 못했던 걸까.

페이퍼돌을 세울 수 있는 무대 배경입니다.
두 가지 배경 중 원하는 배경을 선택해 만들어보세요.

풀칠하는 면

풀칠하는 면

풀칠하는 면

풀칠하는 면

You'll be all right. We're together now.
Everything's going to be fine. You'll see.

○

괜찮을 거야. 이제 우리 같이 있으니까.
모든 것이 다 괜찮을 거야.

인어공주

DISNEY
THE LITTLE MERMAID

깊은 바닷속 에리얼이라는 인어공주가 살았어요. 에리얼은 인간 세상을 구경하길 좋아했어요. 하지만 에리얼의 아버지 트라이튼 왕은 사람이 위험하다고 생각했기 때문에 수면 위로 올라가는 것을 금했어요. 어느 날 폭풍우가 치던 날 에리얼은 배에서 떨어진 왕자를 구했어요. 에리얼은 첫눈에 반한 왕자를 다시 만나기 위해 바다 마녀 우르술라에게 목소리를 주는 대신 다리를 얻었어요. 하지만 3일 안에 왕자와 키스하지 못하면 거품이 되어야 했지요. 왕자는 엉뚱하고 활발한 에리얼에 호감을 느껴 왕국을 구석구석 소개해주었어요. 서로에게 빠져드는 것을 본 우르술라는 에리얼의 목소리를 가진 미녀로 변신해 왕자를 매혹시켰어요. 최면에 걸린 왕자는 우르술라와 결혼하려고 했어요. 친구들의 도움으로 목소리를 되찾은 에리얼이 마법을 풀었지만 그만 트라이튼 왕이 마녀의 포로가 되어버렸어요. 왕자는 낡은 배를 몰아 마녀의 심장으로 뛰어들었어요. 그 순간 마녀는 사라지고 트라이튼 왕도 풀려났어요. 에리얼과 왕자는 결혼하여 행복하게 살았답니다.

Ariel
에리얼

풀칠하는 면

풀칠하는 면

풀칠하는 면

36

Prince
왕자

King
트라이튼 왕

Evil
우르슐라

Disney
THE LITTLE
MERMAID

Disney
THE LITTLE
MERMAID

풀칠하는 면

Disney
THE LITTLE
MERMAID

풀칠하는 면

풀칠하는 면

Who says that my dreams have to stay just my dreams?
Watch and you'll see, someday I'll be part of your world.

누가 내 꿈이 그냥 꿈으로 남을 거라 그랬지?
지켜봐. 언젠가 내가 네 세상의 일부가 될 거야.

Now we can walk, Now we can run.
Now we can stay all day in the sun.
Just you and me and I can be Part of your world.

○

이제 우린 걸을 수 있고, 이제 우린 달릴 수 있어.
이제 우린 태양 아래에서 종일 거닐 수 있어.
오직 너와 내가 여기에 있고, 이제 난 네 세상의 일부가 될 수 있어.

BACKGROUND

페이퍼돌을 세울 수 있는 무대 배경입니다.
두 가지 배경 중 원하는 배경을 선택해 만들어보세요.

풀칠하는 면

풀칠하는 면

풀칠하는 면

풀칠하는 면

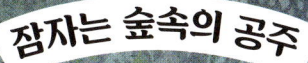

잠자는 숲속의 공주

Disney
Sleeping Beauty

먼 옛날, 평화로운 왕국에 아름다운 공주 오로라가 있었어요. 공주가 태어났을 때 착한 세 요정이 선물을 들고 생일 잔치에 참석했어요. 그런데 초대받지 못한 마녀 말레피센트가 나타나 저주를 걸었어요. 공주가 16살 생일에 바늘에 찔려 죽는다는 주문이었지요. 마지막 요정이 죽음 대신 잠이 드는 것으로 주문을 바꿔주었어요. 왕과 왕비는 세 요정 에게 공주를 안전한 곳에서 키워달라고 부탁했어요. 오로라는 숲속에서 행복하게 자라났어요. 어느 날 지나가던 왕 자와 만난 오로라는 사랑에 빠졌어요. 두 사람은 결혼하고 싶었지만 오로라는 왕국으로 돌아가야 했어요. 슬픔에 빠 진 오로라에게 말레피센트가 접근해 물레바늘에 손이 찔리게 만들고 말았어요. 오로라와 왕국 전체가 깊은 잠에 빠 지게 말았어요. 이를 알게 된 왕자는 오로라를 구하러 달려왔어요. 용으로 변한 말레피센트를 물리친 왕자는 오로라 에게 키스했고 오로라는 잠에서 깨어났어요. 오로라와 왕자는 평생 행복하게 살았답니다.

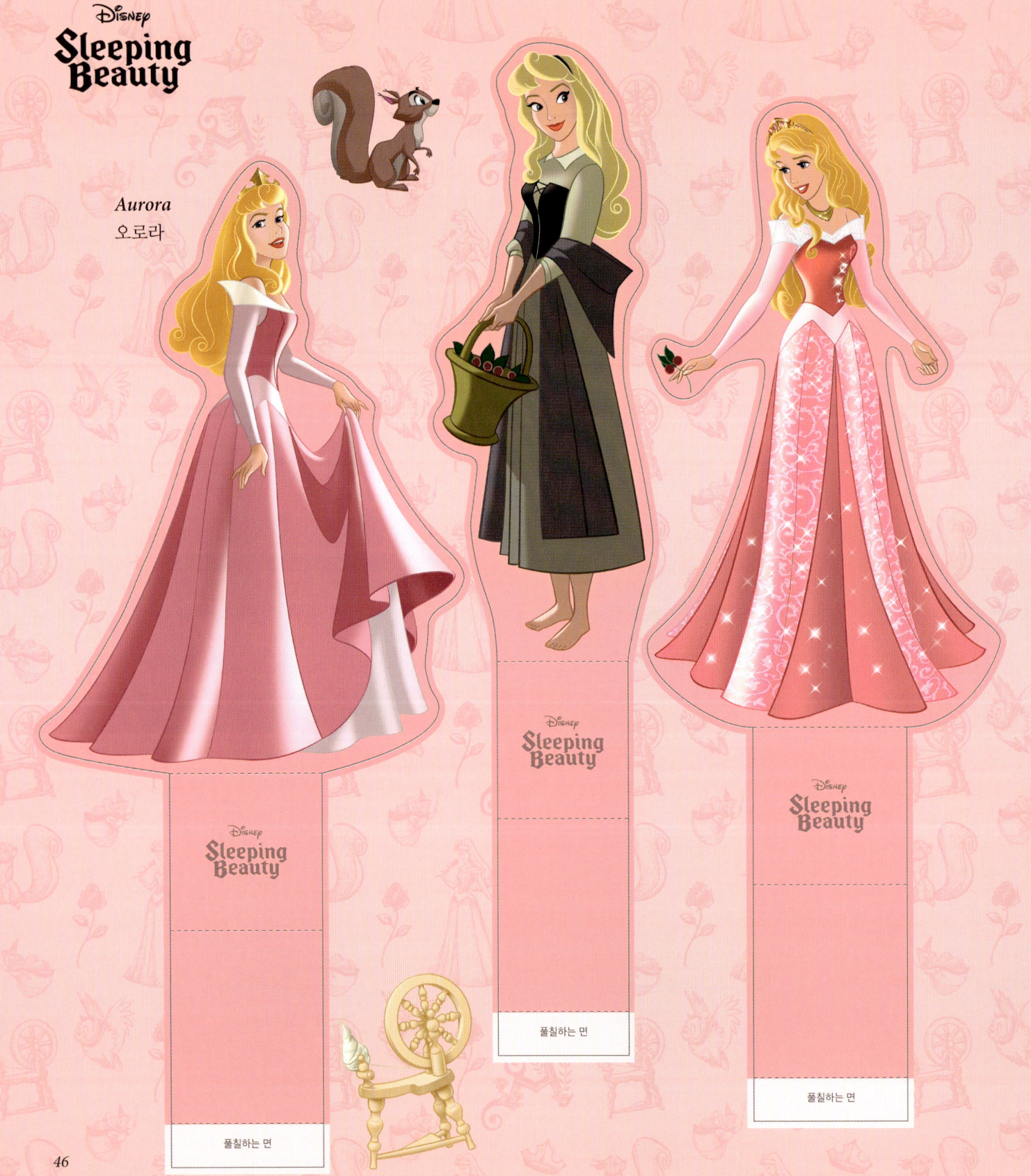

Disney
Sleeping Beauty

Aurora
오로라

Disney
Sleeping Beauty

풀칠하는 면

Disney
Sleeping Beauty

풀칠하는 면

Disney
Sleeping Beauty

풀칠하는 면

46

Prince
왕자

Evil
말레피센트

Fairy
요정

SLEEPING Beauty

SLEEPING Beauty

SLEEPING Beauty

풀칠하는 면

풀칠하는 면

풀칠하는 면

The years roll by. But a hundred years to a stead fast heart are but a day.
If you dream a thing more than once, it's sure to come true.

○

시간은 계속 흘러가. 하지만 한결 같은 마음이 있다면 백년은 하루일 뿐이야.
네가 무언가를 계속 꿈꾼다면, 그건 분명 현실이 될 거라고 믿어.

Arm thyself with this enchanted shield of virtue, and this mighty sword of truth.
For these weapons of righteousness will triumph over evil.

매혹적인 미덕의 방패와 강력한 진리의 검으로 자신을 무장해.
이 무기들이 악을 물리치게 해줄 거야.

페이퍼돌을 세울 수 있는 무대 배경입니다.
두 가지 배경 중 원하는 배경을 선택해 만들어보세요.

풀칠하는 면

풀칠하는 면

풀칠하는 면   풀칠하는 면

Disney
Sleeping Beauty

Disney
Sleeping Beauty

Disney Tangled

옛날 옛적 깊은 숲속 높은 탑 안에 라푼젤이라는 금발머리 소녀가 살았어요. 라푼젤은 한 번도 탑 밖으로 나가본 적이 없었어요. 매년 멀리서 보이는 왕국의 축제에 가보고 싶었지만 마녀인 가텔이 위험하다는 이유로 내보내주지 않았어요. 어느 날 가텔이 외출했을 때 왕관을 훔친 도둑인 플린 라이더가 탑으로 들어왔어요. 왕관을 숨긴 라푼젤은 자신을 왕국에 데려가주면 돌려주겠다고 했어요. 라푼젤과 플린은 엉뚱한 모험과 우여곡절을 겪으며 왕국에 도착했어요. 그곳에서 왕과 왕비와 아기 공주의 초상화를 본 라푼젤은 이상하게 그리운 기분을 느꼈어요. 라푼젤과 플린은 모험을 하면서 서로에게 호감을 느끼게 되었어요. 가텔이 나타나 라푼젤을 다시 데려가려 거짓 모험을 했지만 라푼젤은 자신이 잃어버린 공주라는 사실을 깨달았어요. 플린 라이너의 도움으로 가텔을 물리친 라푼젤은 왕과 왕비를 만났고, 그날 밤 왕국에서는 수천 수백 개의 등불이 밝혀지며 공주가 돌아온 것을 축하하는 성대한 파티가 벌어졌어요.

Rapunzel
라푼젤

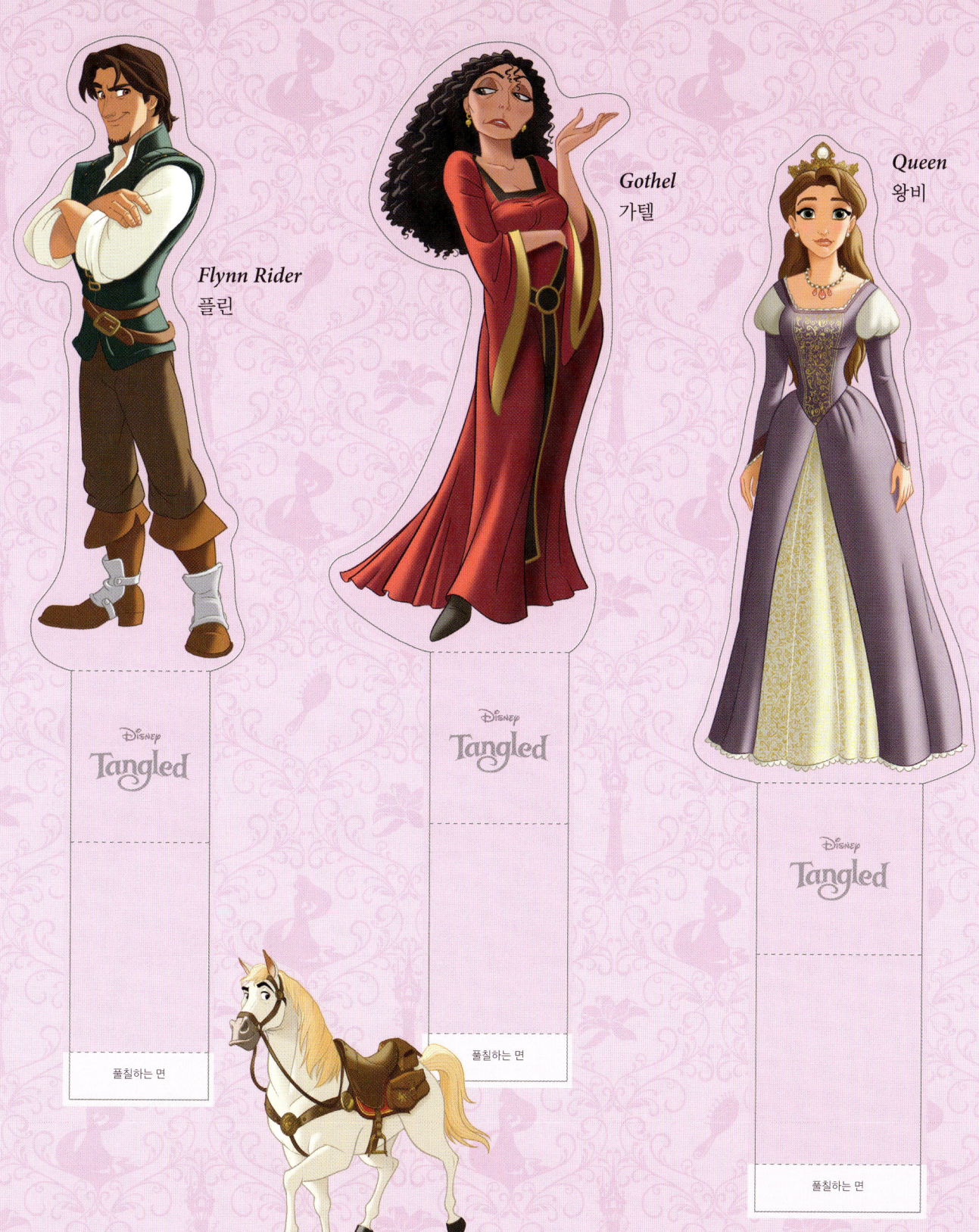

Flynn Rider
플린

Gothel
가텔

Queen
왕비

Disney
Tangled

Disney
Tangled

Disney
Tangled

풀칠하는 면

풀칠하는 면

풀칠하는 면

Go. Live your dream.
Don't trust anyone who says you can't do it. Show them you can.

가. 가서 네가 꿈꾸던 삶을 살아.
네가 할 수 없을 거라고 말하는 사람을 믿지 마. 네가 할 수 있다는 걸 보여줘.

FEARLESS Dreamer

Way down deep inside we've got a dream.
Heal what has been hurt, Change the fates design.
I won't stop. For every minute of the rest of my life. I'll fight.

○

우리 마음 깊은 곳에는 꿈이 있어요
상처받은 것을 치유하고, 정해진 운명을 바꿔요.
난 그만두지 않을 거야. 남은 생의 매순간 싸우겠어.

페이퍼돌을 세울 수 있는 무대 배경입니다.
두 가지 배경 중 원하는 배경을 선택해 만들어보세요.

풀칠하는 면

풀칠하는 면

풀칠하는 면

풀칠하는 면

알라딘

Disney

Aladdin

옛날 옛적 한 왕국에 자스민 공주가 살았어요. 공주는 술탄인 아버지와 호랑이 라자와 함께 살았어요. 왕은 자스민이 왕국에 도움이 되는 부유한 왕자와 결혼하길 원했지만 자스민은 사랑하는 사람과 결혼하고 싶었어요. 성 밑의 마을에는 가난한 좀도둑 알라딘이 원숭이 아부와 함께 살고 있었어요. 어느 날 몰래 마을로 나온 자스민이 시장에서 곤란에 빠지자 이를 본 알라딘이 도와줬어요. 두 사람은 많은 이야기를 나누며 서로를 이해하게 되었어요. 하지만 공주를 쫓아온 병사들이 알라딘을 감옥에 가둬버렸어요. 알라딘은 탈출을 도와준 노인과 마법의 동굴로 갔고, 거기서 요술 램프 지니를 만났어요. 알라딘은 지니에게 부탁해 왕자가 되어 자스민을 만나러 갔어요. 두 사람은 사랑에 빠졌어요. 사실 노인의 정체는 사악한 마법사 자파였어요. 자파는 알라딘을 죽이고 자스민과 결혼해 왕이 되려고 했어요. 하지만 자스민과 알라딘의 재치로 자파는 요술램프에 갇히게 되었고, 두 사람은 지니를 자유의 몸으로 풀어준 후 성대한 결혼식을 올렸답니다.

Disney
Aladdin

Jasmine
자스민

Disney
Aladdin

풀칠하는 면

Disney
Aladdin

Disney
Aladdin

풀칠하는 면

풀칠하는 면

66

Genie
지니

Zapa
자파

Aladdin
알라딘

Disney
Aladdin

풀칠하는 면

Disney
Aladdin

풀칠하는 면

Disney
Aladdin

풀칠하는 면

Sometimes we only see how people are different from us.
But if you look hard enough, you can see how much we're all alike.

○

가끔 우리는 사람들이 우리와 어떻게 다른지만 바라보곤 해.
하지만 더 자세히 본다면, 우린 닮은 점이 더 많아.

I'm like the shooting star. I've come so far.
I can't go back to where I used to be.

○

난 별똥별 같죠. 정말 멀리 왔어요.
이젠 내가 있던 곳으로 돌아갈 수는 없을 거예요.

페이퍼돌을 세울 수 있는 무대 배경입니다.
두 가지 배경 중 원하는 배경을 선택해 만들어보세요.

풀칠하는 면

풀칠하는 면

Disney
Aladdin

풀칠하는 면   풀칠하는 면

MINI POP-UP CARD

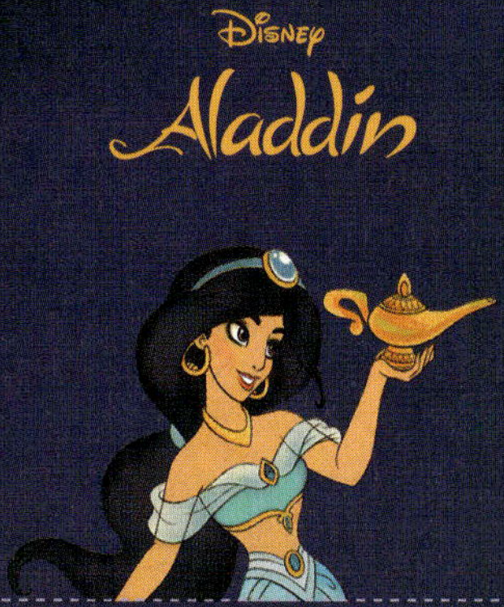

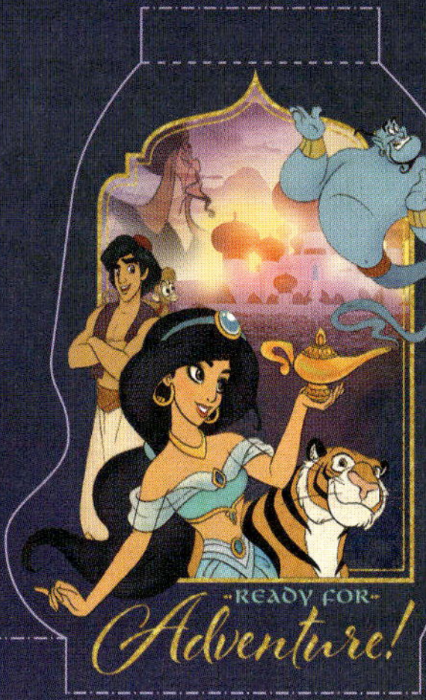

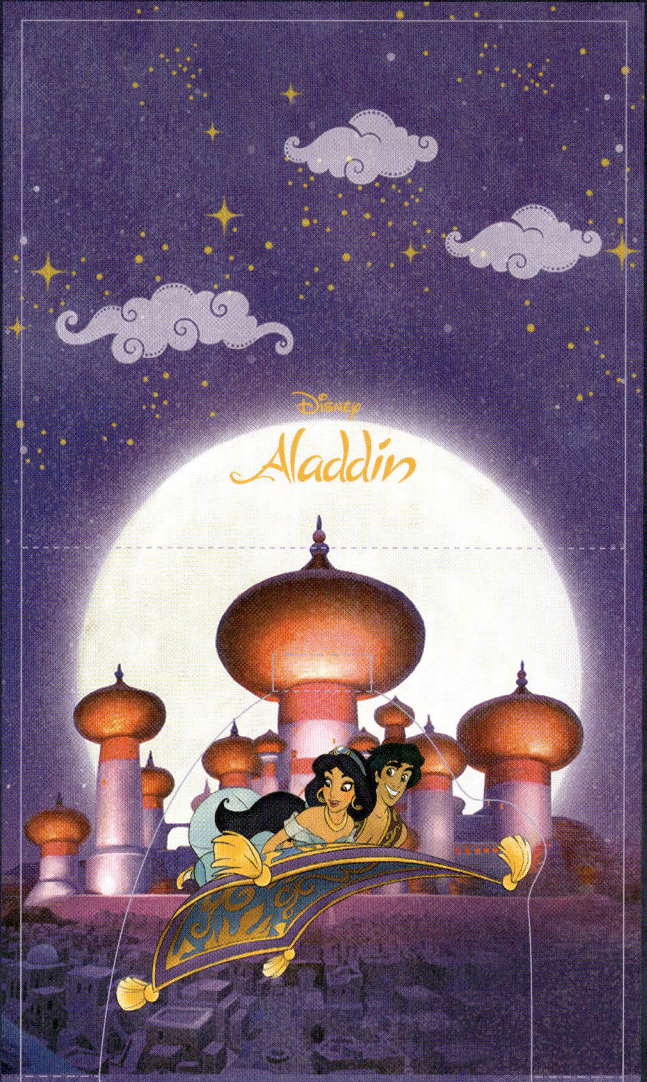